ALPHABET
AMUSANT
DES ENFANS,

Edition ornée de Gravures.

A PARIS,

AU DÉPOT DES LIVRES PUBLIÉS A MONTEREAU,
Rue Saint-Jacques, 41;

ET A MONTEREAU, CHEZ T. MORONVAL.

ALPHABET
AMUSANT
DES ENFANS,

Edition ornée de Gravures.

A PARIS,

AU DÉPOT DES LIVRES PUBLIÉS A MONTEREAU,
Rue Galande, n° 65;

ET A MONTEREAU, CHEZ T. MORONVAL.

A a *a*	
	ABEILLE.
B b *b*	
	BLAIREAU.

C c c	
	CHAUMIÈRE.
D d d	
	DOGUE.

E e e

ÉCUREUIL.

F f f

FLEURS.

G g g g

GARENNE.

H h h

HÉRON.

I	
i	IMPRIMEUR.
i	
J	
j	JUSTICE.
j	

K k *K k*

KAOUANNE.

L l *L l*

LION.

M m	
M m	**MARINE.**
N n	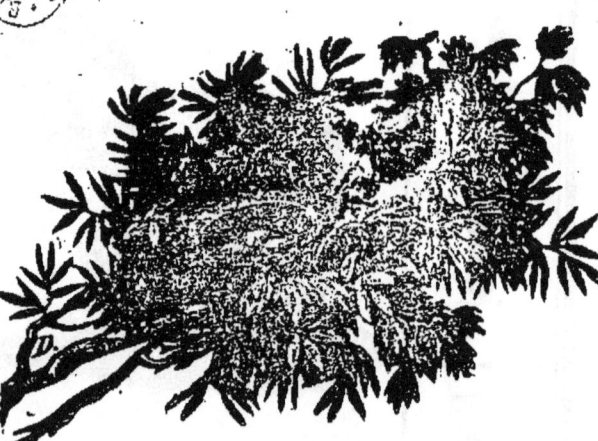
N n	**NID.**

O	o
O	o

OISELEUR.

P	p
P	p
P	p

PHÉNIX.

Q	q	q

QUACHY.

R	r	r

RENNE.

| S s s *s* |

SOLDAT.

TRITON. |

U	u	u	URNE.
V	v	*v*	VACHE.

X x *x*	
	XOMOLT.
Y y *y*	
	YUNX.

Z z *z*

ZÈBRE.

VOYELLES.

a e i o u y

CONSONNES.

b c d f g h j k l m
n p q r s t v x z

CHIFFRES.

1 2 3 4 5 6
7 8 9 0

MAJUSCULES DROITES.

A B C D
E F G H I J
K L M N O
P Q R S T
U V W X Y
Z Æ OE Ç
É È Ê

MINUSCULES DROITES.

✠ a b c d e
f g h i j k l
m n o p q r
s t u v w x
y z æ œ ç
é è ê

MAJUSCULES PENCHÉES.

A B C D E F G
H I J K L M N
O P Q R S T U
V W X Y Z Æ
OE Ç É È Ê

MINUSCULES PENCHÉES.

a b c d e f g h i
j k l m n o p q
r s t u v w x y z
œ æ ç é è ê

MAJUSCULES ITALIENNES.

ABCDEFGHIJ
KLMNOPQRS
TUVXYZÉÈÊ

MAJUSCULES OMBRÉES.

ABCDEFGHIJK
LMNOPQRSTU
VWXYZÆŒÇ

MAJUSCULES ALLONGÉES.

ABCDEFGHIJKLMNOP
QRSTUVWXYZÆŒÇ

MAJUSCULES ÉCRASÉES.

ABCDEFGH
IJKLMNOP
QRSTUVWX
YZÆŒÇ

MAJUSCULES ET MINUSCULES ANGLAISES.

Aa Bb Cc Dd
Ee Ff Gg Hh
Ii Jj Kk Ll
Mm Nn Oo
Pp Qq Rr Ss
Tt Uu Vv
Xx Yy Zz

1 2 3 4 5 6 7 8 9 0

MAJUSCULES ET MINUSCULES RONDES.

A a B b C c D d
E e F f G g H h
I i J j K k L l
M m N n O o P p
Q q R r S s T t
U u V v W w
X x Y y Z z

1 2 3 4 5 6 7 8 9 0

MAJUSCULES ET MINUSCULES GOTHIQUES ORNÉES.

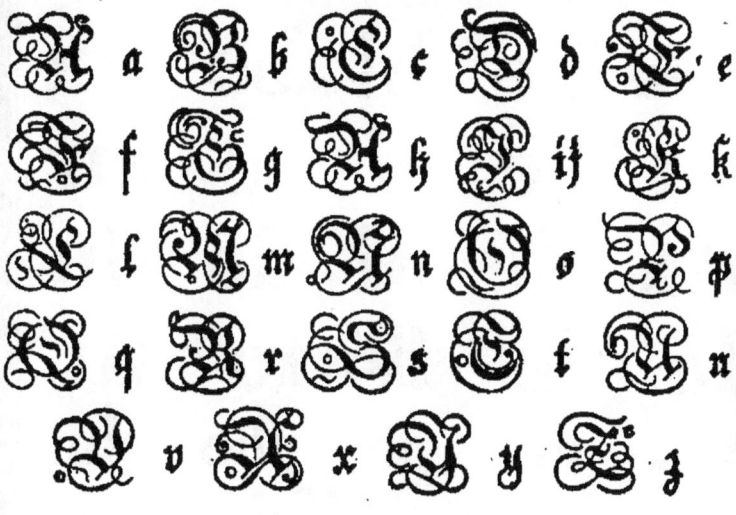

MAJUSCULES ET MINUSCULES GOTHIQUES ALLEMANDES.

𝔄 a 𝔅 b ℭ c 𝔇 d 𝔈 e
𝔉 f 𝔊 g ℌ h ℑ i j 𝔎 k
𝔏 l 𝔐 m 𝔑 n 𝔒 o 𝔓 p
𝔔 q 𝔑 r 𝔖 s 𝔗 t 𝔘 u
𝔙 v 𝔚 w 𝔛 x 𝔜 y 𝔷 ;

SYLLABES.

ba	be	bi	bo	bu
ca	ce	ci	co	cu
da	de	di	do	du
fa	fe	fi	fo	fu
pha	phe	phi	pho	phu
ga	ge	gi	go	gu
ha	he	hi	ho	hu
ja	je	ji	jo	ju
ka	ke	ki	ko	ku
la	le	li	lo	lu
ma	me	mi	mo	mu
na	ne	ni	no	nu

pa	pe	pi	po	pu
qua	que	qui	quo	quu
ra	re	ri	ro	ru
sa	se	si	so	su
ta	te	ti	to	tu
va	ve	vi	vo	vu
xa	xe	xi	xo	xu
za	ze	zi	zo	zu
bla	ble	bli	blo	blu
bra	bre	bri	bro	bru
cla	cle	cli	clo	clu
cra	cre	cri	cro	cru
dra	dre	dri	dro	dru

fra	fre	fri	fro	fru
phra	phre	phri	phro	phru
fla	fle	fli	flo	flu
phla	phle	phli	phlo	phlu
gla	gle	gli	glo	glu
gra	gre	gri	gro	gru
pla	ple	pli	plo	plu
pra	pre	pri	pro	pru
spa	spe	spi	spo	spu
sta	ste	sti	sto	stu
tla	tle	tli	tlo	tlu
tra	tre	tri	tro	tru
vra	vre	vri	vro	vru

MOTS D'UNE SYLLABE.

Air, Deux, Oui, Et, De, Huit, Si, Dont, Ni, Le, Bon, Bien, Pas, Par, Sans, Dieu, Don, Doux, Sur, Ton, Pont, Banc, Bois, Buis, Main, Loi, Jeu, Un, Or, Est, Long, Point, Vous,

MOTS DE DEUX SYLLABES.

Pa|pa, Ma|man,
Bi|jou, En|fant,
Cou|sin, Bon|ne,
Tam|bour, Bal|le,
Bou|le, Gâ|teau,
Da|da, Chai|se,
Sol|dat, Na|nan,
Oi|seau, Ca|non,
Tau|reau, Mou|le,
Che|val, Cor|beau,
Cou|leur, Bis|cuit,

Ton|neau, Ra|bot,
Ra|teau, Poi|re,
Pom|me, Rai|sin.

MOTS DE TROIS SYLLABES.

E|toi|le, Ré|ser|voir, Ta|bli|er, Son|net|te, Pa|ra|dis, E|gli|se, Fa|mil|le, O|rai|son, Doc|tri|ne, En|trail|les, Ins|tru|ment, En|ton|noir.

MOTS DE QUATRE SYLLABES.

Pé | ni | ten | ce,
Pro | me | na | de,
Ba | lan | çoi | re,
Gour | man | di | se,
Con | ve | na | ble,
Glou | ton | ne | rie,
Do | mes | ti | que,
Fa | ci | le | ment,
Re | con | nais | sant,
Mar | chan | di | se,
Ca | ra | bi | nier,

PHRASES A ÉPELER.

J'a-do-re Dieu.

Je ché-ris mon pè-re et ma mè-re.

J'ai-me mon frè-re et ma sœur.

Ma tan-te m'a don-né un beau che-val de car-ton.

J'ai eu de bel-les é-tren-nes le pre-mier jour de l'an.

La mai-son de grand-pa-pa est bien bel-le; il y a dans un coin du jar-din u-ne ba-lan-çoi-re.

Les ar-bres de no-tre jar-din sont gar-nis de fruits.

Je n'i-rai pas à l'é-co-le

de-main, par-ce que mon cou-sin Ju-les vien-dra jouer a-vec moi.

Al-phon-se a u-ne bel-le bal-le qu'il doit me prê-ter et a-vec la-quel-le je joue-rai.

PHRASES A LIRE.

Ne vous amusez point quand vous sortirez de l'é-cole, et rentrez de suite à la maison.

Quand vous entrerez chez vous ou ailleurs n'ou-bliez pas de saluer.

Quand vous rencontre-rez vos parens dans la rue

ou quelqu'un que vous connaîtrez, saluez-les le premier.

Quand vous aurez emprunté quelque chose n'oubliez pas de le rendre sans vous le faire demander.

Ayez soin de vous laver les mains avant de vous mettre à table.

Quand vous serez à table, gardez-vous bien de toucher à quoique ce soit, et attendez que l'on vous ait servi.

Mangez et buvez doucement et sans avidité.

Ne sortez point de votre maison sans en avoir prévenu vos parens.

Ne fréquentez pas ceux de vos camarades qui vous auront fait du mal.

Lorsqu'un pauvre demande à votre porte, ne le rebutez pas, mais prévenez vos parens.

Avant de vous coucher, il faut souhaiter le bonsoir à vos parens et aux personnes qui sont avec eux.

Ne vous endormez jamais sans avoir prié Dieu.

PRIÈRES.

ORAISON DOMINICALE.

Notre Père, qui êtes aux cieux, que votre nom soit sanctifié; que votre règne arrive; que votre volonté soit faite en la terre comme au ciel : donnez-nous aujourd'hui notre pain quotidien; et nous pardonnez nos offenses comme nous les pardonnons à ceux qui nous ont offensés, et ne nous laissez pas succomber à la tentation, mais délivrez nous du mal. Ainsi soit-il.

SALUTATION ANGÉLIQUE.

Je vous salue, Marie, pleine de grâce; le Seigneur est avec vous; vous êtes bénie entre toutes les femmes, et Jésus, le fruit de vos entrailles, est béni. Sainte Marie, mère de Dieu, priez pour nous, pauvres pécheurs, maintenant et à l'heure de notre mort. Ainsi soit-il.

Paris. — Impr. Ve Moronval, rue Galande, 65.

www.ingramcontent.com/pod-product-compliance
Lightning Source LLC
Chambersburg PA
CBHW061012050426
42453CB00009B/1388